AF240460

Paris, le 22 Fructidor de l'an cinquième de la République
Française, une et indivisible.

LE MINISTRE
DE L'INTÉRIEUR,

Aux Administrations centrales des Départemens
de la République.

Cɪᴛᴏʏᴇɴs Aᴅᴍɪɴɪsᴛʀᴀᴛᴇᴜʀs, depuis plus d'un siècle, la consommation du bois, en France, excède la reproduction : le mal s'accroît de jour en jour ; et les faux calculs de l'égoïsme rendent le remède plus difficile.

C'est au moment où la République affermie, triomphe de ses ennemis intérieurs et extérieurs, qu'il appartient au Gouvernement d'appeler l'attention des Administrateurs et des bons Citoyens sur les grands objets d'utilité publique, trop long-tems oubliés, et de rouvrir à la fois, par les moyens qui sont en son pouvoir, toutes les sources de la prospérité nationale.

Des défrichemens trop multipliés, sur-tout dans les mon-

A

tagnes, l'accroissement de la population, la consommation augmentée par le luxe des bâtimens et des cheminées, ou par leur mauvaise construction, ont étendu la disette des bois de la manière la plus effrayante.

L'inexécution des lois forestières qui existent, le défaut d'une bonne Administration, les dégâts multipliés qui ont lieu sur un grand nombre de points de la République, l'abrutissement funeste des bestiaux, les pillages, la manière de couper, les mauvais aménagemens, sont autant de causes essentielles qui ont encore concouru à rendre le mal plus pressant.

Un des premiers soins du Gouvernement doit donc être de ramener, autant qu'il est possible, l'équilibre entre la consommation et la reproduction des bois.

Mais je ne dissimule point la difficulté de cette entreprise, je sens combien il est important de ne pas perdre de vue cet axiôme précieux en agriculture, et trop souvent méconnu en Administration, qu'il faut commencer par améliorer ce qui existe, avant de se livrer à de nouvelles créations.

On ne peut, sans doute, espérer une amélioration durable en ce genre, que lorsqu'on aura trouvé les moyens d'économiser le bois, sans nuire aux jouissances; lorsqu'on aura perfectionné et assuré la conservation, l'aménagement et l'exploitation des forêts nationales; lorsqu'enfin on aura obtenu une bonne Administration forestière, et qu'elle ne sera plus confiée à des mains plus intéressées à détruire qu'à conserver.

Le Corps législatif et le Gouvernement s'occuperont, sans relâche, des moyens d'atteindre un but aussi intéressant; ce sera un nouveau bienfait que nous devrons aux suites du 18 fructidor; mais, citoyens Administrateurs, ne penserez-vous pas, comme moi, qu'on aura fait un grand pas vers le bien, si l'on parvient à exciter, parmi les cultivateurs, une émulation salutaire, qui multiplie les plantations particulières.

Il ne s'agit pas seulement des plantations forestières qui exigent de grands capitaux, et des propriétés considérables; c'est à la Nation qu'il appartient de donner l'exemple en ce genre. Elle récompenserait, sans doute, d'une manière digne d'elle, les grands propriétaires qui se livreraient, avec succès, à cette branche d'industrie agricole; mais ce qui lui importe, sur-tout dans les circonstances actuelles, c'est la multiplication des arbres de toutes les espèces, et dans toutes sortes de terreins, sur les routes, sur les bords des rivières, dans les lieux marécageux, dans les sables, sur les dunes, sur les montagnes, dans les vallées, dans les lieux ouverts, dans les terreins clôs, partout enfin où la nature semble appeler les plus imposans des végétaux.

Les plantations sur les routes ont été ordonnées, dans le seizième siècle, par un édit qui fut l'ouvrage du Chancellier de *Lhôpital*; et cette circonstance m'est revenue et m'a frappé, toutes les fois qu'en voyageant j'ai revu ces longues allées, ces plans majestueux, qui décorent et utilisent le terrein que les routes ont dérobé à la charrue. C'est ainsi qu'un grand homme attache sa mémoire à des monumens, dont l'idée subsiste longtems après lui.

On peut regretter seulement que les plantations des arbres sur les routes, n'ayent pas été faites sur la lisière intérieure, plutôt qu'en dehors du chemin.

Sully fit entourer les cimetières de campagne, de ces ormes superbes que le peuple appelait, de son nom, des *Rosny*.

Voilà l'exemple qu'ont donné les Ministres des Rois. Ceux

de la République auraient trop à rougir, s'ils n'aspiraient pas à le suivre et à le surpasser.

On s'est borné, jusqu'à présent, à planter, dans chaque Commune, un arbre de la liberté. Un arbre seul est triste : qu'est-ce qu'un arbre par Commune ? ayons-en plutôt deux devant chaque maison ; semons des bois entiers, plantons des forêts vastes, élevons à la liberté des temples naturels, sous des portiques de verdure ; et que la République croissant en force avec les arbres qui les composeront, transmette à la postérité l'ombrage de ces bois sacrés.

Heureux l'homme public qui inspirera cet esprit à ses concitoyens, et qui les aura pénétrés de l'amour des plantations !

C'est pour vous inviter à me seconder dans cette belle entreprise, que je vous écris aujourd'hui.

Entourez-vous donc de tous les moyens actuellement disponibles, pour raviver l'esprit public sur un point aussi essentiel.

Prouvez l'intérêt que vous y attachez, par votre exactitude sévère à faire respecter les lois existantes sur la partie de police rurale qui le concerne.

Faites un appel à tous les bons citoyens, à tous les citoyens éclairés, de votre arrondissement, réclamez le secours de leurs lumières et de leur exemple.

Invitez-les à mettre sous les yeux de leurs concitoyens tous les avantages qui résulteront pour eux de la multiplication des arbres les plus appropriés aux différentes localités.

Engagez-les à reproduire sans cesse les exemples qui peuvent convaincre les plus égoïstes.

Rappellez-leur cette manière touchante de consacrer les

souvenirs et les époques de la vie, usitée dans plusieurs parties de l'Allemagne et de la Hollande, où l'on marque ordinairement par des plantations la naissance et le mariage de chaque individu.

Faites-leur calculer, s'il est possible, toutes les richesses de la République, en moins de vingt ans, si tous les terreins, susceptibles de porter des arbres fruitiers ou forestiers, en étaient successivement garnis, presque sans dépense et sans embarras.

Excitez le zèle des Communes, par l'exemple frappant de quelques-unes qui ont payé, presque tous les ans, leurs impôts, avec l'argent qui provenait de leur arbres champêtres. Démontrez-leur qu'il n'en est pas une qui ne parvînt, dans peu, à acquitter de même sa contribution foncière, si elles s'occupaient des plantations qui leur sont si nécessaires.

Intéressez-les par le motif de leur conservation; représentez-leur que les plantations sont le moyen de salubrité le plus précieux qui nous ait été départi par la nature; et que telle localité aujourd'hui dévastée par des maladies sans cesse renaissantes, ne présentera plus que l'image de la vie et de la santé, si l'on y multiplie les plantations.

Montrez-leur enfin, dans cette mesure salutaire, l'amélioration de l'agriculture, par l'influence des grandes Plantations sur les variations de l'atmosphère. Combien de Communes dont le sol est stérilisé par de longues sécheresses, ou par le défaut d'abris, jouiraient des fruits les meilleurs et les plus abondans, si elles avaient des arbres réunis dans leur voisinage?

Il est sans doute indispensable d'éclairer les cultivateurs zélés sur les moyens de succès; il faut leur indiquer les arbres les plus convenables au terrein qu'ils veulent en couvrir; il faut les familiariser avec les procédés qu'ils doivent employer pour que leurs travaux ne soient pas inutiles.

J'acquitterai, à cet égard, la dette du Gouvernement par une instruction courte et populaire que j'ai demandée au bureau consultatif d'agriculture, composé des cultivateurs pratiques les plus expérimentés, et je vous l'adresserai incessamment. Quand cette instruction vous sera parvenue, vous aurez soin de l'envoyer aux écoles primaires. Il faut que les enfans s'habituent à connaître, à respecter, à pratiquer cette vertu morale qui engage à planter des arbres dont le produit est réservé aux générations suivantes.

Assuré de remplir les intentions paternelles du Directoire exécutif, je joints à ma lettre un Programme auquel je vous prie de donner la plus grande publicité. Il renferme des détails sur les conditions et la nature des récompenses que le Gouvernement accordera à ceux qui se seront le plus distingués par leur zèle pour les plantations.

Je desire, citoyens Administrateurs, que vos Administrés reconnaissent dans les pressantes invitations que vous leur ferez, la sollicitude bienfaisante du Gouvernement républicain; et que l'aurore du règne tranquille de la liberté, soit marquée par une de ces belles améliorations, qui annoncent qu'enfin l'esprit public est formé, et que l'intérêt général etouffe l'égoïsme et les intérêts particuliers.

La révolution nous a heureusement défaits des dignités oiseuses et des classes stériles, tout doit tendre à l'utilité ; tournons l'activité française vers ces deux sources de richesses, la terre et le travail. Multiplions par-tout les engrais, les troupeaux et les plantations; faisons par ce moyen, des conquêtes sur notre sol ; augmentons sa surface en doublant sa valeur. Si les tribus rustiques avaient le premier pas dans la République romaine, n'ayons qu'une tribu dans la République française, celle des hommes occupés ; encourageons-les tous à retourner le champ d'un territoire immense, pour y déterrer le trésor, le seul véritable trésor que le bon père de famille léguait à ses enfans.

Salut et Fraternité,

Le Ministre de l'intérieur,

FRANÇOIS, (de Neuf-Château).

PROGRAMME

Des encouragemens accordés aux Citoyens qui feront des plantations.

Paris, le 22 Fructidor, l'an cinquième de la République Française, une et indivisible.

Le MINISTRE de l'intérieur, desirant seconder les vues bienfaisantes du Directoire exécutif en favorisant les progrès de toutes les branches de l'économie rurale, invite les Administrations centrales de Département à s'occuper sur-tout des moyens de multiplier les plantations particulières.

Il les autorise à promettre à tous les citoyens de leurs arrondissemens respectifs, qui s'y livreront avec succès après l'époque de la publication de ce programme, et jusqu'à l'an 8 inclusivement, les récompenses que le Gouvernement se propose de leur accorder sur les fonds assignés par le Corps législatif, aux encouragemens de l'agriculture, s'ils remplissent les conditions suivantes.

Pépinières.

ARTICLE PREMIER.

A tout citoyen qui aura formé une pépinière d'arbres fruitiers, dans un Département où il n'y en avait pas auparavant, et qui prouvera qu'elle a été utile au Département, en propageant les espèces qui la composent : -- une médaille d'or portant le nom du citoyen, et une prime de dix centimes, par pied d'arbre qu'il justifiera avoir vendu dans la seconde année de l'établissement.

ART. IV.

A tout citoyen qui aura établi une pépinière de Châtaigniers dont les sujets seront d'une grosseur raisonnable, convenablement espacés, et d'une belle venüe, trois ans après: -- une prime de vingt centimes, par pied qu'il justifiera avoir vendu au-dessous du prix courant.

Semis en place.

ART. V.

A tout citoyen qui, dans un terrein où il n'y avait pas de bois, aura semé en place, douze hectares (environ vingt-cinq arpens forestiers,) de chênes propres à former par la suite un taillis ou une futaye : -- une médaille d'or, portant le nom du citoyen, si le semis est en bon état deux ans après qu'il aura été fait.

ART. VI.

A tout citoyen qui sur les bords de la mer, dans un terrein sabloneux ou de dunes, sera parvenu à faire réussir un semis

en place, de douze hectares, (environ vingt-cinq arpens forestiers) d'arbres les plus appropriés à cette localité, et sur-tout
de pins ou sapins : -- une médaille d'or, portant le nom du
citoyen, si le semis est en bon état, deux ans après, et dans la
suite, une prime de quinze centimes par pied d'arbre, qui aura
acquis une hauteur et une grosseur convenables.

A r t. V I I.

A tout citoyen qui aura semé en place, douze hectares,
(environ vingt-cinq arpens forestiers), de mélèzes : -- une
médaille d'or portant le nom du citoyen, si le semis est en
bon état deux ans après.

Plantations.

A r t. X.

A tout citoyen qui aura planté à demeure et dans la
même propriété, quatre milles pieds de châtaigniers greffés
dans les bonnes espèces, à la distance en tous sens indiqués
par l'usage, pour les mettre en état de production : — une prime
de quinze centimes, par pied subsistant avec vigueur dans la
dite plantation, deux ans après qu'elle aura été faite.

A r t. X I.

A tout citoyen qui aura planté à demeure et dans la même
propriété, six hectares, (environ douze arpens forestiers), en
chênes : -- une médaille d'or portant le nom du citoyen, si la
plantation est en bon état, trois ans après qu'elle aura été faite.

A r t. X I I.

A tout citoyen qui aura planté à demeure et dans la même
propriété, quatre mille pieds d'ormes tortillards, ou greffés en
ormes tortillards, quatre mille pieds d'ormes ordinaires : -- une

médaille d'or portant le nom du citoyen; et une prime de quinze centimes par pied, s'ils sont d'une belle venue, deux ans après, et à la distance, en tous sens, usitée dans les grandes plantations.

Art. XIII.

A tout citoyen qui aura planté à demeure et dans la même propriété, six hectares (environ douze arpens forestiers), d'ormes ordinaires, de trois ou quatre ans au moins, espacés en tous sens, comme ceux de l'article précédent : — une prime de dix centimes par pied, de belle venue, deux ans après.

Art XIV.

A tout citoyen qui aura planté à demeure et dans la même propriété, six hectares de frênes : -- la même prime et les mêmes conditions qu'à l'article précédent.

Art. XV.

A tout citoyen qui aura planté en quinconce, trois hectares (environ six arpens forestiers), de hêtres, arbres faits : -- une prime de trente centimes par pied, de belle venue, deux ans après la plantation.

Art. XVI.

A tout citoyen qui aura planté à demeure dix mille pieds de mélèzes, à cinq pieds et plus l'un de l'autre, en tous sens, de quatre à cinq ans : -- une médaille d'or et une prime de vingt centimes par pied, subsistant en bon état, deux ans après.

Art. XVII.

A tout citoyen qui aura planté à demeure et dans la même propriété, six mille pieds d'arbres étrangers, espacés, en tous sens, comme il est usité dans les grandes plantations : -- une médaille d'or et une prime de vingt centimes par pied d'arbre, subsistant en bon état, deux ans après que ladite plantation aura été faite.

Les arbres étrangers, indiqués dans cet article, sont particulièrement les chênes et frênes étrangers, les noyers d'Amérique, l'érable à sucre, l'érable à feuilles de frêne, l'érable rouge de Virginie, le cèdre blanc, le cèdre de Virginie, le cyprès à feuilles d'acacia, ou de la Louisiane, etc.

A R T. X V I I I.

A tout citoyen qui aura planté, à ses frais, une promenade publique dans sa Commune : -- une médaille d'or et une inscription sur marbre granit, ou toute autre pierre dure, susceptible du poli, dans un lieu apparent de la promenade, portant le nom du citoyen qui l'aura plantée, lequel nom deviendra celui de la promenade.

A R T. X I X.

Toutes les récompenses ci-dessus indiquées seront distribuées par les Administrations centrales des Départemens, le jour de la fête de l'agriculture.

Le procès-verbal de cette distribution sera imprimé et affiché dans toutes les Communes du Département, à la diligence du Commissaire du Directoire exécutif. Il sera également envoyé au Ministre de l'intérieur, qui formera un tableau général de tous les tableaux réunis, et le présentera au Directoire exécutif.

A R T. X X.

Les citoyens qui voudront mériter les récompenses proposées, s'adresseront à l'Administration municipale de leurs cantons respectifs qui nommera des commissaires pour dresser procès-verbal de l'état des lieux, avant le semis ou la plantation.

De nouveaux Commissaires, nommés par l'Administration municipale, à l'époque où la récompense pourra être méritée, vérifieront l'état des semis ou des plantations, et en dresseront procès-verbal.

Ces deux procès-verbaux seront envoyés, chacun dans leur temps, à l'Administration centrale du Département, qui les fera transcrire sur un registre particulier, et adjugera la récompense, s'il y a lieu, après les avoir comparés.

Art. XXI.

Les Administrations centrales de Département adresseront au Ministre de l'intérieur une copie des procès-verbaux, indiqués dans l'article précédent, à l'époque de leur rédaction.

Elles s'adresseront également au Ministre, pour tous les cas qui leur paraîtraient douteux ou difficiles.

Le Ministre de l'intérieur,

Signé FRANÇOIS, (de Neuf-Château).

Pour Extrait conforme :

PORCHÉ, *adjoint au Secrétaire-en-chef de l'Administration centrale du Département de Seine et Oise.*

*EXTRAIT du registre des délibérations de l'Admi-
nistration centrale du Département de Seine et Oise.*

Séance publique du 5 Brumaire, an six de la
République Française, une et indivisible.

Vu par l'Administration centrale du Département, une
lettre du Ministre de l'intérieur , en date du 22 fructidor
dernier , dans laquelle il expose les dangers que court la
République , d'éprouver la disette la plus complette de bois
tant de chauffage que de toutes autres qualités , et dans
laquelle , après avoir détaillé les causes qui ont concouru
et concourent encore à la destruction et peut-être à l'ané-
antissement de cette partie essentielle de richesses tant
nationales que particulières, il indique les moyens de conserver et améliorer ce qui reste , de réparer ce qui a été
dégradé, et de créer de nouvelles plantations. Ces moyens
se trouvent dans une surveillance exacte, une Administration plus sage et plus économique, et enfin dans les
encouragemens offerts à tous les cultivateurs ;

Vû ensuite de la susdite lettre, le programme des encouragemens accordés aux citoyens qui feront des plantations,
par lequel l'Administration centrale est autorisée à promettre
à tous les citoyens de son arrondissement, qui se livreront
avec succès à cette branche de l'économie rurale, après la
publication de ce programme et jusqu'à l'an VIII inclusivement , les récompenses que le Gouvernement se propose
de léur accorder sur les fonds assignés par le Corps legislatif,

aux encouragemens de l'agriculture , s'ils remplissent les conditions portées dans le susdit programme;

Considérant que le Ministre, dans sa lettre susvisée, est entré dans les plus grands détails sur les causes du mal qui fait sa sollicitude, sur les moyens de le réparer pour le présent , et d'y pourvoir pour l'avenir ; que tout ce qu'elle pourrait dire sur cet objet ne pourrait être qu'une répétition des dispositions , et des intentions manifestées dans la susdite lettre ; qu'elle doit en conséquence se borner à mettre ses Administrés à même de se bien pénétrer des vérités que renferme la susdite lettre , à connaitre et à mériter les prix et primes d'encouragement proposés par le Gouvernement ;

Ouï l'Administrateur suppléant le Commissaire du Directoire exécutif ;

L'Administration arrête :

ARTICLE PREMIER.

La lettre du Ministre de l'intérieur en date du 22 fructidor de l'an V , ensemble le programme qui est à sa suite , seront réimprimés tant en placards qu'en in-4°. , pour être envoyés à toutes les Municipalités des Cantons de l'arrondissement, et affichés.

ART. II.

Il est enjoint à toutes les Municipalités de Cantons de donner la plus grande publicité aux lettre et programme susdits ; elles sont invitées à se bien pénétrer des dispositions qu'ils renferment , et à employer , en ce qui les concerne , les moyens conservatoires qui y sont indiqués.

Art. III.

Tous les citoyens, et particulièrement les cultivateurs et propriétaires sont invités au nom du bien général , et de leurs intérêts particuliers, à seconder les vues bienfaisantes du Gouvernement en se livrant à un genre de culture, qui, indépendamment de l'avantage particulier qu'ils doivent en retirer, leur offre des moyens utiles et honorables d'encouragement, qui doivent exciter l'émulation de tout républicain sensible à la gloire, et ami de la prospérité de son pays.

Signé PELLÉ, *Président ;*

PEYRONET , *Secrétaire-en-chef.*

rsailles, de l'Imprimerie de JACOB, Imprimeur de l'Administration centrale du Département, Place d'Armes, N.° 13